# ÉLOGE HISTORIQUE

## DE

# LOUIS XVIII.

# RÉPONSE DU ROI,

## CHARLES X,

Aux Pairs et aux Députés qui ont été admis individuellement à
l'honneur de présenter leur hommage à S. M. au château de Saint-
Cloud, le 17 septembre 1824.


Messieurs,

Mon cœur est trop profondément affecté, pour qu'il
me soit possible d'exprimer les sentiments que j'é-
prouve ; mais je serais indigne de celui qui m'a
laissé de si grands exemples, si , me livrant trop à ma
douleur, je ne conservais assez de force pour remplir
les devoirs qui me sont imposés. J'étais frère , mainte-
nant je suis Roi, et ce titre indique à lui seul la
conduite que je dois tenir. J'ai promis, comme sujet,
de maintenir la Charte et les institutions que nous
devons au souverain dont le ciel vient de nous priver.
Aujourd'hui que le droit de ma naissance a fait
tomber le pouvoir entre mes mains, je l'emploierai
tout entier à consolider, pour le bonheur de mon
peuple, le grand acte que j'ai promis de maintenir.

Ma confiance dans mes sujets est entière, et j'ai la
ferme certitude que je trouverai en eux les mêmes
sentiments à mon égard.

Je dois vous ajouter, Messieurs, que conformé-
ment aux sages intentions du Roi que nous pleu-
rons, je convoquerai les Chambres à la fin de dé-
cembre.

# ÉLOGE HISTORIQUE

## DE

# LOUIS XVIII,

## Surnommé le Désiré,

ROI DE FRANCE ET DE NAVARRE;

## Par A. J. B. BOUVET DE CRESSÉ,

MEMBRE DE L'UNIVERSITÉ, DE L'ANCIEN RÉGIMENT DU ROI INFANTERIE,
ET DE LA MARINE DE BREST.

In propriâ venit, et sui eum receperunt.
*Evang. sec. Joann.*

## Paris,

A LA LIBRAIRIE D'ÉDUCATION DE A. J. SANSON,
PALAIS-ROYAL, GALERIE DE BOIS.

1824.

# ÉLOGE HISTORIQUE

## DE

# LOUIS XVIII.

S'il est démontré que les bergers et les rois sont égaux devant Dieu ; si la Mort, ou plutôt le Temps, frappe indistinctement de sa faux inévitable et la cabane du pauvre et le palais du potentat (1) ; si nommer un homme, c'est, d'après ses actions, faire son éloge, ou le couvrir de honte, nous allons voir à quel titre Louis mérite l'estime et les regrets de ses contemporains.

C'était, chez les Égyptiens, un usage antique et sacré que, pour arriver au lieu de la sépulture, il fallait traverser un lac. Sur les

---

(1)   Pallida mors æquo pulsat pede pauperum tabernas
   Regumque turres.

HORAT.

La mort, la pâle mort, cette déesse altière,
Foule d'un pas égal le trône et la chaumière.

P. DARU.

bords de ce lac on arrêtait le mort : « Qui que
» tu sois, lui disait-on, rends compte à la
» patrie de tes actions. Qu'as-tu fait du temps
» et de la vie? La Loi t'interroge ; la Patrie
» t'écoute ; la Vérité te juge. »

Alors, il comparaissait sans titre et sans
pouvoir, réduit à lui seul (1), et escorté seulement de ses vertus ou de ses vices. Là se
dévoilaient les crimes secrets, et ceux que le
crédit ou la puissance du mort avait étouffés
pendant sa vie. Là, celui dont on avait flétri
l'innocence, venait, à son tour, flétrir le ca-
lomniateur, et redemander l'honneur qui lui
avait été enlevé.

Le citoyen convaincu de n'avoir point ob-
servé les lois, était condamné : la peine était
l'infamie ; mais le citoyen vertueux était ré-
compensé d'un éloge public : l'honneur de le
prononcer était réservé aux parents. On assem-

(1) Cùm volueris veram hominis æstimationem vi-
dere, nudum inspice; deponat patrimonium, deponat
honores, et alia fortunæ mendacia; corpus ipsum ex-
uat, et animum intuere, qualis quantusque sit, alienus
an suo magnus.

D. Greg. Naz.

blait la famille; les enfants venaient recevoir des leçons de vertu en entendant louer leur père. Le peuple s'y rendait en foule; le magistrat y présidait. Alors, on célébrait l'homme juste, à l'aspect de sa cendre; on rappelait les lieux, les moments et les jours où il avait fait des actions vertueuses; on le remerciait de ce qu'il avait servi la patrie et les hommes; on proposait son exemple à ceux qui avaient encore à vivre et à mourir.

L'orateur finissait par invoquer sur lui le Dieu redoutable des morts, et par le confier, pour ainsi dire, à la Divinité, en la suppliant de ne pas l'abandonner dans ce monde obscur et inconnu où il venait d'entrer. Enfin, en le quittant, et le quittant pour jamais, on lui disait, pour soi, et pour le peuple, le long et éternel adieu. Tout cela ensemble, surtout chez une nation austère et grave, devait affecter profondément, et inspirer des idées augustes de religion et de morale (1).

Que sert une oraison funèbre, prononcée devant un sarcophage? a dit un écrivain du

(1) Thomas, Essai sur les Éloges.

dix-huitième siècle (1). Il faut un autre encens sur le tombeau d'un roi ; je l'apporte : c'est la liste de ses bienfaits, dont j'ose tracer le tableau. Puisse une main plus habile le refaire, et le présenter à son successeur, afin qu'il apprenne ce que la nation française, amante de ses rois (2), attend de son gouvernement paternel.

Né à Versailles, sur les degrés du trône, et destiné à régner sur la première nation du monde, Louis-Stanislas-Xavier, dut le jour au fils aîné de Louis xv, surnommé le Grand-Dauphin, et à Marie-Josèphe, princesse de Saxe. Il eut pour frère aîné le duc de Berry, depuis Louis xvi, et pour cadet le comte d'Artois. Leur sœur, madame Élisabeth, fut une princesse accomplie, dont les hautes vertus arrachent encore aujourd'hui des larmes de reconnaissance à tous ceux qui ont eu le bonheur de la connaître.

Louis xviii reçut en naissant le titre de

____

(1) Gudin, Aux Mânes de Louis xv.

(2) . . . . . . . . . . . . . Provincia missos
Expellet citiùs fasces, quàm Francia Reges.

CLAUDIAN., LAUD., STILICON.

comte de Provence, titre qu'il a gardé jusqu'à une époque de fatale mémoire, où il prit celui de comte de Lille.

Laissons, pour le retrouver plus tard, laissons l'héritier de tant de rois, et d'une des plus belles monarchies de l'univers, proscrit d'abord par les démagogues et les régicides, errant de contrées en contrées, méconnu long-temps par les autres souverains, qui n'auraient dû se liguer que pour le rétablir; trouvant à peine un asile pour reposer sa tête, mais conservant, dans le malheur, toute sa dignité, et le souvenir de sa noble origine, et remontons à ses premières années, époque de son éducation.

Le Dauphin, nouveau Caton, voulut être l'instituteur de son fils, et les études du comte de Provence furent marquées par des progrès rapides. De bonne heure, Virgile, Ovide, Horace, Salluste, Tite-Live et Tacite lui furent aussi familiers que Corneille, Racine, Boileau, Fénélon, Massillon, Bossuet, Bourdaloue, Molière, et, leur maître à tous, La Fontaine. Sévigné, par l'amabilité et la facilité de son style, l'égayait quelquefois: les

Provinciales, le faisaient sourire, et les ruines de Port-Royal l'ont souvent pénétré d'indignation contre la rue Saint-Antoine. Savant et docte, il détestait les docteurs, et plus encore l'ignorance crasse, qu'on a si souvent et si long-temps, mais toujours inutilement, cherché à introduire en France.

Génie vaste et profond, nous nous plaisons à lui rendre cette justice, la connaissance d'une science, chez lui, appelait la connaissance d'une autre. On serait même tenté de croire que, outre les langues de l'Europe, qu'il possédait bien, la langue persanne ne lui était point étrangère, car s'il a su goûter Saadi, le Pend-Namèh, ou Livre des Conseils (1), de cet illustre poëte a dû flatter ses organes délicats.

_______________

(1) Pend-Namèh, chapitre viii : Qu'il faut s'abstenir de fréquenter les ignorants.

« Si tu es prudent et sage, ne fréquente pas l'igno-rant ; fuis loin de lui comme la flèche. Ne te mêle pas avec lui comme le lait et le sucre. Il vaudrait mieux qu'un dragon fût ton compagnon dans une caverne ( comme autrefois Aboubeker fut celui de Mahomet ), que si l'ignorant était ton ami, et ton intime ami. Si ton ennemi mortel est sensé, il est préférable à un igno-

Saint-Denis avait reçu la dépouille mortelle de Louis xv, et le titre de Monsieur, d'après les constitutions du royaume, fut dévolu au comte de Provence, frère aîné de Louis xvi, qui commit, à son avénement au trône, la faute bien pardonnable à sa jeunesse et à son inexpérience, de confier le timon de l'État au vieux comte de Maurepas.

L'assemblée des notables prélude aux états-généraux, pères de l'assemblée nationale, mère elle-même de l'assemblée législative qui enfante la convention.

rant ami (*). Personne au monde n'est plus vil que l'ignorant, et rien n'est plus méprisable que l'ignorance. Laisse donc l'ignorant : voilà ce que tu as de mieux à faire. Sa société te ferait rougir dans ce monde, et te couvrirait d'une éternelle confusion dans l'autre. Des actions inconvenantes, voilà les œuvres de l'ignorant. Tu n'entendras jamais de lui que des paroles déplacées. L'enfer lui est réservé, car il est difficile que sa vie ait une bonne fin. Nous devons nous attendre à voir sa tête au sommet de la potence, puisqu'il est naturel qu'il porte la peine de son avilissement. » ( Cette traduction n'est point de Sylvestre de Sacy. )

(*) Rien n'est si dangereux qu'un ignorant ami ;
  Mieux vaudrait un sage ennemi.

La Fontaine.

Le génie du mal étend sur la France ses ailes funèbres ; tout est bouleversé dans le royaume ; la noblesse émigre , pour se soustraire à l'échafaud ; suivi de son fidèle Achate , le généreux comte d'Avaray , Monsieur quitte Paris , et parvient à franchir la frontière , non sans avoir couru les plus grands dangers ; enfin , arrivé à Mons , il arrache de son chapeau la cocarde tricolore , et prie d'Avaray de la garder soigneusement , à l'exemple de Christophe Colomb qui voulut conserver les chaînes dont l'avait fait charger l'ingrat Ferdinand v.

Cependant Louis xvi , qui avait fui de Paris avec sa famille , avait été arrêté à Varennes , et reconduit dans la capitale , où il fut défendu à la foule que la curiosité ou l'intérêt amenaient sur son chemin , de donner à un Bourbon les marques ordinaires de respect. Arrivé aux Tuileries , les gardes nationales l'investirent, les portes du jardin furent fermées, et le palais des rois changé en prison.

Après l'arrivée de Louis , et sa réclusion , l'assemblée se partagea en comités , pour résoudre ce qu'il y avait à faire dans la circonstance , et les objets de la discussion se rédui-

saient à ces deux questions : « Louis XVI doit-
il être mis en cause? Son évasion est-elle un
» délit? » Il y avait un parti pour déclarer sur-
le-champ la déchéance ; mais l'immense majo-
rité ne croyait pas prudent de décider , dans un
moment de chaleur, une affaire si importante.
Elle statua que le pouvoir exécutif serait seulement suspendu , et lié entre les mains du
Roi . jusqu'à ce qu'il eût sanctionné la constitution.

Présentée à Louis XVI , cette constitution fut
signée . en pleine assemblée . au bruit des fan-
fares et du canon. La Reine y parut avec le Dauphin , et reçut des applaudissemens mille fois
répétés. Elle en marqua sa reconnaissance avec
des grâces qui charmèrent l'assemblée.

L'acte constitutionnel fut publié dans les
places publiques de Paris . par le maire et ses
adjoints ; des fêtes se donnèrent aux Champs-
Élysées . où tout avait été préparé avec soin
pour le plaisir du peuple , et la famille royale
se promena entre les groupes, sous un ciel brillant d'étoiles . à la lueur des lampions , dans le
calme d'une nuit paisible, plus belle qu'un beau
jour, et elle remporta , après tant de chagrins .

les félicitations bruyantes d'un peuple satisfait et joyeux.

Pendant que ces choses se passaient à Paris, où l'on venait d'abolir les titres de Sire et de Majesté, remplacés par celui de Roi des Français, les liaisons des émigrés éveillèrent la sollicitude de l'Assemblée législative, qui obtint du Roi une déclaration menaçante contre les nobles et toutes autres personnes qui avaient quitté la France.

Louis xvi exhorta ses frères, par une lettre très-pressante à revenir ; mais ils eurent le courage de répondre qu'ils ne rentreraient que quand il serait libre. Alors un décret, renouvelé d'un autre de la Constituante, déclare Monsieur, déchu de ses droits de premier Prince du sang, s'il n'est de retour sous deux mois.

Les puissances étrangères, auxquelles avait été signifiée l'acceptation de l'acte constitutionnel, répondirent d'une manière équivoque, seule cause de tous les malheurs arrivés depuis, et qui donna des soupçons à la législature.

Toutefois, afin de ne point laisser sortir du royaume un argent qui aurait pu servir contre l'État, on séquestre les biens des princes français, et on lance contre les émigrés un arrêt de mort, s'ils ne rentrent à une époque déterminée, mais prochaine.

En proie aux plus vives inquiétudes, Louis XVI écrit à ses frères qu'il est parfaitement libre, et, le même jour, voulant sortir de son appartement, à neuf heures du soir, il est arrêté par la sentinelle, et forcé de rentrer. Il oppose aussitôt son *veto* au décret contre ses frères; mais, en même temps, il les prie de nouveau, et conjure, avec les plus pressantes instances, les émigrés de revenir dans l'intervalle indiqué. Tous persistent dans leurs refus, sûrs qu'ils croyaient être des puissances étrangères, qui, fatale déception! continuaient à s'envelopper dans des réponses évasives.

Cependant les démarches des émigrés auprès des cours étrangères, les engagements connus de l'Empereur et du roi de Prusse à Pilnitz, en Saxe, au mois d'août 1791, pour s'immiscer dans les affaires de France, et les démonstrations hostiles, qui en étaient les suites, avaient soulevé la fierté nationale contre les prétentions ridicules de l'étranger, et de là un cri de guerre immédiate, que l'exagération et la haine proclamaient dans l'assemblée avec fureur, par l'organe des Brissot, des Vergniaux, des Danton, et autres énergumènes, plus où moins altérés de sang, et connus sous les noms de Cordeliers et de Girondins.

Des horreurs avaient succédé à d'autres horreurs ; le roi avait été insulté dans son propre palais, et il ignorait l'instant précis marqué par les séditieux pour une nouvelle tentative, et les moyens qu'ils mettraient en œuvre pour mieux réussir. Quant à l'attaque même, tout le monde en était instruit ; tant leur impudente audace dédaignait d'en faire un mystère !

Enfin, arrive le 10 août. Le canon tonne ; les Tuileries sont attaquées, le sang coule à flots dans toute l'étendue du Carrousel, et le roi, suivi de sa famille, cherche un asile au sein de l'assemblée, qui, muette d'étonnement, garde quelque temps le silence. Un membre se lève, et fait observer que la constitution ne permet pas de délibérer en présence du monarque. On le prie donc de quitter la place qu'il a prise à côté du président, et on le conduit avec sa famille dans une tribune.

Ici commence la convention nationale ; la royauté est abolie, et l'on proclame la souveraineté du peuple, et le règne de la liberté et de l'égalité. Les ministres Servan, Roland et Clavière sont rappelés au ministère, et on y fait entrer encore Monge, pour la marine, Danton pour la justice, et Lebrun pour les affaires étrangères. On statue aussi que le roi et sa famille habiteront le palais du Luxembourg, et que la municipalité de Paris sera, sous sa responsabilité, chargée de les garder ; mais elle représente que les issues de ce palais sont trop multipliées, pour répondre d'un pareil dépôt, et, sur cette remontrance, on les renferme dans le Temple.

La guerre avait été déclarée par la France a la Prusse et à l'Autriche, et Frédéric-Guillaume, à la tête de cinquante mille Prussiens, de trente mille Autrichiens, de sept mille Hessois, et de quinze mille émigrés, que commandait, sous lui, le duc de Brunswick, était entré dans les plaines de la Champagne. Longwi s'était rendu, Verdun était investi, et l'espé-

rance renaissait dans le cœur des royalistes. La
même cause fit pénétrer la rage dans celui des
anarchistes, et de là d'atroces assassinats dans
les prisons de Paris, notamment aux Carmes,
au séminaire de Saint-Firmin et à l'abbaye
Saint-Germain, où Journiac de Saint-Méard,
notre vieil ami, ancien capitaine de chasseurs au
régiment du roi infanterie, dut la vie à sa fran-
chise, et à son imperturbable présence d'esprit.
Le brave homme ! il n'en est pas de plus brave !
C'est un preux dans toute l'acception du mot !
Et il s'est trouvé naguère un ministre assez
faible pour lui dénier le rang de colonel, qui
lui appartient de droit, par ancienneté de service, à lui qui, lors de l'affaire de Nancy,
fut, forcément, général pendant vingt-quatre
heures, et toujours dans l'intérêt du trône.

Louis xvi avait été transféré dans la grosse
tour du Temple, sous prétexte qu'il y serait
plus en sûreté contre l'irruption de la populace,
et, dès ce moment, tout accès auprès des prisonniers fut interdit.

Ici les événements se pressent. Un décret
ordonne que le roi sera désormais appelé Louis
Capet. Louis xvi est accusé, et l'on charge une

commission de vingt-quatre membres de recevoir les dénonciations contre lui, et de compulser des papiers remis par le ministre Roland, et trouvés au château des Tuileries, dans l'épaisseur d'une muraille fermée par une porte de fer, papiers à peu près insignifiants, mais auxquels une interprétation forcée sut donner des couleurs contrerévolutionnaires.

Ce fut le jour même de la bataille de Jemmapes, que le rapport de la commission fut fait à la convention, et, le lendemain, au nom du comité de législation, l'avocat toulousain Mailhe, en fit un autre sur la mise en accusation du monarque, ainsi que sur la forme de l'instruction et du jugement.

Quelque voisins que nous soyons de ces événements, on peut dire que la postérité a déjà prononcé sur les juges éhontés du monarque, et que ce serait insulter au bon sens, à la raison et à la justice, que d'essayer de justifier le roi de France des imputations calomnieuses, dont ils le chargèrent comme accusateurs, puisque eux-mêmes se vantaient avec impudence d'avoir préparé les forfaits dont ils le rendaient responsable , forfaits dont certes la pensée était loin de son cœur !

Amené à la barre de l'assemblée , vainement Louis xvi y avait paru avec une contenance ferme et modeste , et avait répondu avec beaucoup de clarté et de discernement , à tous les griefs qu'on lui avait objectés , et sur lesquels on ne l'avait point prévenu ; vainement le jeune Desèze , avocat au parlement de Bordeaux , que ses défenseurs s'étaient adjoints , avaient lu son plaidoyer devant ceux qui se disaient les représentants de la nation , des esprits faux , prévenus , fanatiques et cruels , déterminés d'avance dans leur opinion coupable , n'en furent pas plus ébranlés que des paroles touchantes que le monarque y ajouta : « On vient de vous exposer » mes moyens de défense , dit-il ; je ne les re- » nouvelerai point en vous parlant peut-être » pour la dernière fois. Je vous déclare que ma » conscience ne me reproche rien , et que mes » défenseurs ne vous ont dit que la vérité. Je » n'ai jamais craint que ma conduite fût exa- » minée publiquement ; mais mon cœur est » déchiré de trouver dans l'acte d'accusation , » l'imputation d'avoir voulu faire répandre le

» sang du peuple, et surtout que la sanglante
» catastrophe du 10 août et ses suites me soient
» attribuées. J'avoue que les preuves multi-
» pliées que j'avais données, dans tous les
» temps, de mon amour pour le peuple, et la
» manière dont je m'étais conduit me parais-
» saient devoir prouver que je craignais peu de
» m'exposer pour épargner son sang, et éloi-
» gner à jamais de moi une pareille imputa-
» tion (*). »

L'air pénétré du monarque, sa douceur, la
vérité qui s'exprimait par sa bouche, sans ré-
criminations et sans reproches, touchait une
partie de l'assemblée, dans laquelle, quoique
rares (1), se trouvaient encore quelques honnêtes
gens (2). Elle paraissait même inclinée à suspen-
dre le jugement (3), et à décréter qu'il suffisait
de prendre des mesures de précaution, jusqu'à
ce que la nation eût émis son vœu sur le sort

(*) ANQUETIL, Histoire de France.

(1) Apparent rari nantes in gurgite vasto.
VIRG.

(2) Nous citons, entre autres, notre honorable ami
et compatriote, Opoix, de Provins, député de Seine-
et-Marne.

(3) Fecissent utinam !
VIRG.

d'un petit-fils de Saint-Louis , prisonnier dans la capitale de son empire.

Des monstres à l'instant , les plus outrés des jacobins , puisqu'il faut les appeler par leur nom , se précipitent au bureau , menacent, usent même de violence', et font décider que , toute affaire cessante , le jugement sera poursuivi jusqu'à décision définitive; et il l'a été.

C'en est fait ! Louis xvi donne au monde indigné le second et mémorable exemple d'un roi , portant en Europe , et au dix-huitième siècle , sa tête sur un échafaud ! et elle tombe sous la hache des bourreaux , cette tête auguste de l'homme de bien ! et l'échafaud qu'il a franchi avec courage , a vu son front brillant de tant de majesté , que ses assassins eux-mêmes en sont restés interdits et tremblants (1) !

Cependant, que faisaient à cette époque Mon-

(1)  In quel punto al feral palco di morte
      Giunge Luigi. Ei v'alza il guardo e viene
      Fermo alla scala , imperturbato e forte.

      Già vi monta , già il sommo egli ne tiene ;
      E va sì pien di maestà l'aspetto ,
      Ch'ai manigoldi fa tremar le vene.

MONTI.

sieur et le comte d'Artois? Retirés à Hamm,
sur la Lype, en Westphalie, près de Dussel-
dorf, ils recevaient des témoignages d'intérêt
et d'amitié de la part du roi de Prusse, prince
à qui il ne manqua qu'une fermeté de carac-
tère égale à sa loyauté et à sa valeur person-
nelles. Ce fut dans cet endroit que les deux
illustres frères reçurent la confirmation du
grand attentat, qui a couvert à jamais la France
de deuil.

Dans l'amertume de leur cœur, dit Alphonse
de Beauchamp, ils rendirent le dernier des
hommages que leur prescrivaient le respect
profond, et l'attachement sans bornes dont
ils avaient toujours été pénétrés pour leur in-
fortuné frère et monarque.

Cependant, après quelques jours donnés à
la douleur, il fallut se rappeler le principe
que le roi ne meurt jamais en France ; aussi,
le 28 janvier 1792, Monsieur mit au jour
une déclaration à l'effet de reconnaître roi,
le Dauphin Louis-Charles, alors détenu dans
la tour du Temple, annonçant qu'il allait agir
en vertu du droit de sa naissance et des lois
fondamentales du royaume, comme régent,

pendant la minorité du roi , son neveu et
souverain seigneur.

Charles - Philippe de France, comte d'Artois, est nommé et constitué lieutenant-gé-
néral du royaume; les émigrés de toutes les
classes sont informés que MONSIEUR a pris le
titre de régent, et qu'il a conféré à son frère
la lieutenance générale.

Une lettre accompagnait cette communica-
tion officielle, la voici :

« Votre attachement pour la religion de
» vos pères, et au souverain que nous pleu-
» rons tous aujourd'hui, me dispense de vous
» exhorter à redoubler de zèle et de fidélité
» à votre jeune monarque, et d'ardeur pour
» venger le sang de son auguste père. Si,
» dans un tel malheur, il nous est possible de
» recevoir quelque consolation, elle nous est
» offerte pour venger notre roi, replacer son
» fils sur le trône, et rendre à la France son
» bonheur et son ancienne gloire. »

Une circonstance remarquable de cette époque, c'est que l'impératrice de Russie, Catherine II, fut la seule des têtes couronnées, qui
reconnut Louis-Stanislas-Xavier comme ré-

gent du royaume. Charles-Philippe part pour Saint-Pétersbourg, chargé d'une mission particulière du régent, et il est accompagné dans son voyage par l'évêque d'Arras, le baron de Roll, le comte François d'Escars et le comte Roger de Damas.

Catherine reçut le fils de France avec beaucoup d'appareil, et lui promit une armée auxiliaire de vingt mille Russes, que l'Angleterre devait s'engager à transporter et à solder. Vaines promesses! Il était écrit dans les destins éternels que la cause de la légitimité périrait, et périrait victime de la trahison.

Inutilement, et pendant un espace de plus deux ans, et la légion de Mirabeau (1) et l'armée de Condé, avaient bivouaqué sur les coteaux qui avoisinent la rive droite du Rhin, la politique cauteleuse des puissances étrangéres, notamment de l'Autriche, a rendu nuls les efforts des braves qu'elle a paralysés, et les a mis dans la dure nécessité ou de passer à son service, ou de déposer les armes.

(1) Frère du député de ce nom, et ancien colonel du régiment de Touraine.

Cependant Toulon au pouvoir des Anglais et des Espagnols, Lyon insurgé, la Vendée en feu, la Flandre et le Hainaut envahis, raniment un instant les espérances du régent. Mais, joie éphémère ! la fuite honteuse du duc d'Yorck devant les troupes républicaines, éloigne pour long-temps l'époque désirée de la restauration.

La Hollande est conquise, la cavalerie française fait sur la glace sa flotte prisonnière de guerre, et la Grande-Bretagne, à Quiberon, où Hoche s'immortalisa, montre à nu, comme au temps de Jumonville, toute la turpitude de sa politique assassine. Catastrophe cruelle ! que la postérité se refuserait à croire, si des milliers de contemporains, si la grande ombre de Sombreuil, si les côtes de Belle-Ile, d'Hoat, de Theviec, de Carnac, de Plouharnel, de Sainte-Barbe et d'Auray, n'en attestaient l'horreur et la véracité !

Les lauriers d'Italie, d'Égypte et de Marengo amènent un changement dans le gouvernement de la république, qui cesse d'exister, pour faire place à l'empire. Pie VII, dans l'intérêt de la religion, a quitté la ville des

Césars, et est venu lui-même à Paris oindre de l'huile sainte, et consacrer empereur des français Napoléon Bonaparte. La rupture du traité d'Amiens a rappelé sur la sanglante arène les Français vainqueurs de l'Europe et de l'Afrique ; un nouvel Agamemnon, par crainte ou par ambition, a sacrifié une nouvelle Iphigénie ; la Prusse tremble pour son trône ébranlé ; la Pologne reçoit et les aigles et les décorations de l'honneur, et la Russie enfin, la Russie ne doit son salut, après la perte de son antique capitale embrasée, qu'au froid le plus intense et à la rigueur excessive du frimas.

De grands revers cependant suivent de grands succès, et les puissances de l'Europe sérieusement coalisées, réunissent leurs forces contre un seul homme, qu'elles finissent par écraser, mais seulement parce qu'on était las de son gouvernement militaire, et que son joug pesait trop sur la patrie qu'il avait eu l'art d'enchaîner à son char victorieux.

Nous touchons enfin à l'époque heureuse de la restauration, plus heureuse toutefois, si elle se fût opérée sans que l'étranger, étonné d'un bonheur aussi insolite qu'inattendu, n'eût point mis le pied sur le sol de la belle et noble France, qu'il n'a pas eu la gloire de vaincre.

Bonaparte a quitté Francfort, et le même jour toute l'armée française a repassé le Rhin. Victor se rend à Strasbourg, Macdonald à Cologne, Kellerman à Metz, Marmont reste à Mayence; et, pendant que les alliés envahissent la Hollande insurgée, et entièrement dégarnie de troupes, Molitor se retire derrière la Meuse; l'ennemi inonde les hautes vallées de la Marne et de la Seine; Anvers ouvre ses portes, Maison se rapproche des frontières; la garnison de Berg - op - Zoom se couvre de gloire, et les Anglais vaincus, avec une perte de quatre mille hommes dont deux mille soixante-dix-sept prisonniers, prouvent à Sir Graham, qui s'est cru un Lowendal, qu'il s'est vainement flatté d'enlever cette place, la veille du jour de la naissance du prince d'Orange, et de lui en envoyer les clefs, pour son bouquet de fête.

Cependant, loin de présenter, à cette époque, une de ces nombreuses et formidables masses, avec lesquelles la France imposait naguère aux souverains de l'Europe le respect et la crainte de son nom , son armée , sa grande armée n'est plus que la réunion de cinq corps presque dés-organisés , dont les cadres sont vides de tant de soldats vétérans , morts au champ d'hon-neur , en cherchant à retenir la victoire fuyant leurs illustres drapeaux , ou anéantis par la misère et le typhus , ou prisonniers de guerre ; et c'est avec ces faibles débris , offrant à peine soixante-dix mille hommes , que Bonaparte va lutter souvent avec succès , jamais sans gloire , contre trois armées fortes ensemble de trois cent mille combattants.

De toutes les pièces officielles la moins men-songère , l'Almanach impérial a , pour la der-nière fois , annoncé le 29 mars 1814. On a com-battu à Triport , à Meaux et à Montsaigle , près de Ville-Parisis ; la grande armée alliée a passé la Marne , et les souverains , réunis en conseil de guerre à Bondy , ont décidé que Paris se-rait attaqué le 30 mars. Il le fut en effet. Le feu s'engage au Nord et à l'Est , et , sur toute la ligne , le combat devient général. Citoyens et soldats , soldats et citoyens , tous rivalisent de

zèle , d'ardeur , de dévoûment et d'intrépidité ,
et , chose vraie! ce n'est ni pour Napoléon , ni
pour les Bourbons , absents depuis vingt-deux
ans , qu'on expose volontairement sa vie. On
est sourd aux cris de l'égoïsme ; la patrie a
parlé ; c'est la France seule qu'on écoute ; c'est
elle seule qui produit l'enthousiasme , et enfante des miracles.

Honneur ! mille fois honneur aux vétérans ,
aux invalides , et à leurs dignes soutiens les
élèves de l'École polythecnique , qui servent
les pièces , et aux barrières , et sur les buttes
Saint-Chaumont! Honneur surtout à Moncey !
Quand , chargé d'années , et succombant , hé-
las ! sous le faix de l'âge , son heure dernière
aura sonné, c'est à la barrière de Clichy que
doit s'élever son monument funèbre , et une
place être réservée pour Odiot , et les braves
de la deuxième légion de la garde nationale
parisienne , qui, sous ses ordres , ont rivalisé
de zèle avec les troupes de ligne.

Joseph Bonaparte a déserté le champ de bataille ; pauvre roi qui ne sait pas, combattre !
et il a été accompagné , dans sa fuite , par
quelques-uns de ces grands esclaves salariés .

qui n'aimaient de l'empereur, leur maître, que l'or, extrait, goutte à goutte, de la sueur du peuple, et qu'il leur prodiguait !

Sur tous les points, cependant, on résiste avec un rare courage ; mais, sur tous, il faudra bientôt céder à la supériorité du nombre.

Après avoir pénétré au cœur de la France, de cette héroïque France qui les avait vaincus pendant vingt-deux ans, les étrangers sont entrés dans Paris (1) ; le conseil municipal a émis le vœu du rappel des Bourbons au trône de leurs pères ; un gouvernement provisoire est créé, composé de Talleyrand-Périgord, de Dalberg, de Jaucourt, de Beurnonville et de Montesquiou (l'abbé), chargés de pourvoir aux besoins de l'administration, et de présenter au sénat un projet de constitution qui puisse convenir aux besoins du peuple français.

(1) Paris a capitulé le 31 mars, à deux heures du matin : Fabvier et Denis, au nom de Mortier et de Marmont, Orlow et Paër, pour les alliés, ont signé la reddition de la place, qui n'a pas été vaincue, et dans laquelle les trois cent mille étrangers ne seraient jamais entrés, ou y auraient trouvé leur tombeau, si la masse des citoyens, toujours avide de nouveauté, n'eût été plus que fatiguée du despotisme de Napoléon.

Le premier corps de l'État prononce la déchéance de Napoléon , que sa garde suit à l'île
d'Elbe; le comte d'Artois fait son entrée dans
Paris ; Louis xviii (1) débarque à Calais, se di-
rige sur la capitale , par Boulogne, Montreuil ,
Abbeville , Amiens et Compiègne , donne la
déclaration de Saint-Ouen (2) , traverse les

(1) Ce fut le 25 avril 1794 , que Louis-Stanislas-
Xavier , roi de France et de Navarre , débarqua à
Calais, et là , levant les yeux au ciel , et mettant la
main droite sur son cœur ; il adressa ses remercîments
et ses hommages au Souverain Maître des peuples et
des rois. La foule qui bordait le rivage partagea ce sen-
timent religieux. Le monarque porta aussitôt ses re-
gards sur son peuple , auquel il tendit ses bras pater-
nels. Les cris , les gestes de la multitude , répondirent
à ce signe de tendresse d'un père , qui retrouvait ses
enfants , après de longues souffrances. Louis xviii ,
s'avançant au milieu du transport de ses sujets , entre
deux haies de gardes nationales , et de troupes de ligne,
fut arrêté un moment par les hommages du clergé :
« Monsieur le curé , répondit le roi , le Ciel, après plus
» de vingt ans d'absence , me rend à mes enfants ;
» allons remercier Dieu dans son temple. »

ALPHONSE DE BEAUCHAMP, Vie de Louis xviii.

(2) Le plus beau titre de gloire de Louis ix , est la
*Pragmatique Sanction* contre les entreprises des papes,
comme celui de Louis xviii est la CHARTE CONSTITU-

rues de Paris , au milieu d'une foule franche-
ment ivre de joie, et va , dans la métropole ,
remercier de son retour inespéré, le Souverain
Maître de tout, celui devant qui tremblent et
s'abaissent les vanités terrestres , et qui dis-
pose à son gré des trônes et des empires.

Cependant , après neuf mois d'espérance et
de tranquillité, quelle rumeur soudaine agite
les esprits ? Quels bruits circulent dans la société qu'ils affligent ?

La paix entre les quatre grandes puissances
de l'Europe était signée , et l'antique trône des
Bourbons , relevé sur des bases constitution-
nelles , semblait, sous l'égide de la Charte , devoir jouir d'une existence durable, lorsque son
inviolabilité se trouva tout à coup compromise ,
et le Roi lui-même forcé de se retirer à Gand.

Fatale époque du 20 mars ! qui pourra jamais peindre cette nuit cruelle , où , infirme
et valétudinaire , Louis , à qui il ne reste d'in-

TIONNELLE, que ce roi généreux , dans son inépuisable
bonté , à donnée à ses peuples reconnaissants.

(BOUVET DE CRESSÉ , Histoire de la marine de
tous les peuples. Paris , 1824 , chez Aimé
André.)

tact que la tête et le cœur, est forcé de monter en voiture, à la pâle lueur des flambeaux, et de chercher encore une fois son salut sur une terre étrangère?

Bonaparte a quitté l'île d'Elbe ; Cannes, Grenoble, Lyon et Paris l'ont reçu, et le drapeau tricolore flotte aux Tuileries ! Une armée royale s'organise dans le midi de la France, et la cause des Bourbons est vivement soutenue à Montélimart et à Loriol. Toutefois, c'est en vain que, au pont de la Drôme, le 10$^e$ régiment de ligne verse le sang de ses compatriotes ; le duc d'Angoulême, obligé de battre en retraite, s'embarque à Cette, pour se rendre en Espagne, dont il ne prévoyait pas alors qu'il serait plus tard le libérateur.

Retardé jusqu'au mois de juin, le Champ-de-Mai a manqué l'effet qu'il devait produire, tant sont grandes les réflexions qu'a fait naître le sot acte additionnel aux constitutions de l'empire, détruit aux champs de Waterloo, qui rappellent avec orgueil à la France, ces dernières et solennelles paroles de la valeur expirante : LA GARDE MEURT, ET NE SE REND PAS !

Précédé des armées alliées, Louis XVIII a

revu le château de ses nobles aïeux. Son règne est connu et jugé. Comme homme, la mort vient de le frapper ; mais la Charte, comme prince, et prince législateur, l'a rendu immortel, et l'on croirait que c'est pour lui qu'a été écrit le passage suivant (1), qu'on devrait placer dans le cabinet de ceux que le Souverain Arbitre de toutes choses a mis à la tête des peuples.

« Je n'appelle pas roi celui que le seul bon-
» heur de la naissance a placé sur le trône, et
» qui, n'ayant de roi que le nom, esclave en
» effet des vices les plus honteux, sans talents,
» sans vertus, n'offre aux yeux de l'univers
» qu'un vain fantôme de la royauté. J'appelle
» roi celui qui, étant l'image de Dieu sur la
» terre, par la participation de sa puissance,
» lui ressemble encore plus par la participation
» de ses vertus ; qui, maître de ses passions,
» ne règne pas moins sur son cœur, que sur
» les peuples qui lui sont soumis ; qui, au-des-
» sus des autres hommes par la hauteur de sa
» dignité, est au-dessus de sa dignité par la

______

(1) Massillon, Oraison funèbre de Louis XIV.

» supériorité de ses talents ; qui versé dans la
» science profonde du gouvernement , suffit
» à tout par ses lumières, et qui, jaloux de ses
» devoirs, ne se repose que sur lui-même du
» pénible soin de les remplir ; qui, dans un
» juste milieu de clémence et de fermeté , sait
» tempérer la rigueur des lois , sans affaiblir
» l'obéissance ; pour tout dire , en un mot,
» qui , faisant de la justice le principe de ses
» délibérations et de ses conseils , la fait régner
» avec lui sur le même trône. »

## FIN.

IMPRIMERIE D'HIPPOLYTE TILLIARD,

RUE DE LA HARPE, N° 78.